Charmeine M.E.

979 Lumen gegen den Trübsinn
Biografie, wahre Erzählung

Charmeine M.E.

979 Lumen gegen den Trübsinn

Biografie, wahre Erzählung

Rediroma-Verlag

Bibliografische Information der Deutschen Nationalbibliothek:
Die Deutsche Nationalbibliothek verzeichnet diese Publikation in der Deutschen Nationalbibliografie; detaillierte bibliografische Daten sind im Internet über http://portal.dnb.de abrufbar.

ISBN 978-3-96103-535-9

www.rediroma-verlag.de
5,95 Euro (D)

Inhaltsverzeichnis

Seite 7
Tu's doch! — Schreibe deine Lebensgeschichte auf!

Seite 26
Die Wahrheit? — Wie weit will ich für sie gehen?

Tu's doch! — Schreibe deine Lebensgeschichte auf!

Vor ein paar Tagen packte mich plötzlich die irrwitzige Idee: „Tu's doch – jetzt – und schreibe Deine Lebensgeschichte auf!" Zumal ich, welch ein Zufall aber auch, eine langjährige, gute Bekannte im Verlagswesen habe. Möge sie entscheiden, ob der Text irgendwann seinen Weg in die Druckerpresse finden sollte oder nicht, dachte ich.

Zwei Wochen zuvor hatte meine Physiotherapeutin mir geraten, wenn es doch mein Wunsch sei, mit meinem Schreibtalent ein paar Euro nebenher zu verdienen, dann könne ich doch über mein Leben schreiben. Verblüfft habe ich meinen Kopf geschüttelt und gelacht. Als ob sich jemand für mein Dasein interessieren würde. Aber meine Bemühungen, die Geschehnisse der letzten Wochen in einen nachvollziehbaren Rahmen zu fassen, werden mir zumindest dabei helfen, diese Zäsuren, die meinen Alltag mit so großer Wucht durchgerüttelt haben, neu zu ordnen und in den Griff zu bekommen.

Der Anfang meiner Erzählung führt unweigerlich in meine Kinderzeit zurück, die sich wie ein roter Faden durch meine Handlungen zieht. Ich wuchs wohlbehütet in meiner Familie auf. Meine Eltern waren überaus verständnisvoll und taten fast alles für mich und meine Geschwister.

Während meiner Schulzeit fiel ich meinen Lehrer/innen eher als Rebellin auf. Im Fach Kunst glänzte ich, in Deutsch war ich auch ganz gut; in den anderen Sachgebieten ließen die Leistungen zu wünschen übrig. Als der Realschulabschluss 1983 auf der Kippe stand, im mündlichen Englisch, verbalen Französisch sowie in der höheren Mathematik war ich grottenschlecht, stand plötzlich eine Schülerin aus der Parallelklasse vor mir. Überraschend bot sie mir an, mathematischen Nachhilfeunterricht zu geben. So konnte ich die Mittlere Reife in der Privatschule verwirklichen. Was genau sie einstmals zur ihrem Beistand erwogen hat, das habe ich leider nie erfahren können.

Weil mir seit jeher das Kontakte knüpfen genauso leicht fällt, wie ich gerne mit Menschen umgehe, startete ich anschließend eine Lehre im Verkauf. Die Berufsausbildung wiederum gelang mir mit Belobigung, auch weil ich die kaufmännischen Rechenarten tadellos beherrschte.

Nun war ich es, die einer damaligen Klassenkameradin mit geduldigem Privatunterricht half, deren Abschluss zu vollenden.

Nachdem ich die Ausbildung beendet und somit dem Mahnruf meiner Eltern, einen „Broterwerbs-Beruf“ zu erlernen, erfüllt hatte, riskierte ich eilig mein Erspartes. Bei einem Fernlehrinstitut meldete ich mich für den nebenberuflichen Lehrgang „Werbegrafik und Design“ an. Sechzehn Monate hinterher hatte ich mein Abschlussdiplom mit der Gesamtleistung „gut“ in der Tasche. Enorm stolz kontaktierte ich den Betriebschef eines regionalen Textilwerkes und bat den Mann, der die Macht hatte, mich einzustellen, um einen Vorstellungstermin, den ich auch prompt bekam. Zwei Tage daraufhin saß ich ihm gegenüber und bekam zu hören, dass er zwar meine Kühnheit sowie mein Engagement beeindruckend finde, jenes Diplom aber bei Weitem nicht ausreiche, um als Außenstehende in dieser Branche Fuß fassen zu können. Allerdings könne er mir einen Job in der Wareneingangskontrolle anbieten. Selbstverständlich nahm ich an und musste feststellen, dass ich dort meistens mit einem extrem agressiven Kollegen zusammenzuarbeiten hatte. Lange konnte das nicht gutgehen.

Andererseits waren meine kalligrafischen Schriftstücke im Privaten sehr gefragt; gelegentlich konnte ich mir damit tatsächlich ein paar Mark hinzuverdienen.

Unter einem besseren Stern stand in der Folgezeit ein Posten, bei dem es sich um das Nähen drehte. Besonders freute es mich dort, wenn jene Kundin, „Frau Ritterin ohne Furcht und Tadel“, ab und an erschien. Hingerissen habe ich aus der Ferne mitverfolgt, wie es ihr und deren Verein gelang, aus den kleinsten Anfängen heraus ein Mittelalterfest in Gang zu setzen, welches sich inzwischen zu einem regionalen Anziehungspunkt fortentwickelt hat.

Aufgrund der vielfachen Komplimente kristallisierte sich in jener Ära meine Einzigartigkeit heraus: Wohl niemand sonst könne so treffend Stimmungen und Details auffassen, um diese dann in der Form von bunten Bildern oder Schriftstücken wiederzugeben wie eben ich.

Aus meiner Sicht waren diese Auszeichnungen nicht von ungefähr, obgleich ziemlich übertrieben.

Zu jener Zeit hatte ich viele Freundinnen und

Kameraden. Ein paar Verehrer waren auch dabei. Die ersten, richtigen Küsse durfte ich mit einem Draufgänger wie er im Buche stand, erleben. Zunächst ließ er mich abblitzen. Jedoch, einige Monate später, entschuldigte er sich dafür. Mehrmals beteuerte er mir, dass er, wie ich wisse, zwar ein großer Weiberheld sei, er aber bereit sei, jede stehen zu lassen, wenn ich denn nur noch einmal „Ja“ sagen würde. Dies würde er tun, weil ich das netteste Mädchen sei, welches er bis zu jener Zeit kennengelernt habe. Diesen Gefallen tat ich ihm zwar nicht, schaute dennoch genauso auf ihn wie er auf mich. Wir blieben Vertraute, die sich öfters bei Rockabenden zu Gesicht bekamen.

In jener Phase freundete ich mich zudem mit einer älteren Arbeitskollegin an. Nach deren Scheidung war sie anfangs schwer in Not. Als ich sie eines Tages besuchte, war sie kaum noch wiederzuerkennen. Freudestrahlend und grenzenlos erleichtert erzählte sie mir, dass sie sich Wochen zuvor noch einmal aufgerafft, das letzte Geld zusammengekratzt habe, um eine Kontaktanzeige in einer Zeitung aufzugeben. Infolgedessen habe sie einen honorigen Witwer kennen- und lieben gelernt, der sie aus deren ganzem Elend regelrecht herauskatapultierte.

Ich staunte wirklich sehr. Mehr noch, hellauf entzückt wollte ich diese Glücksmomente unbedingt auch selbst erleben. Zumal bei dieser Art von Suche auch das Texte ausdenken eine große Rolle spielt, wurden die Blind Dates als solche, über Jahre hinweg, mehr oder weniger intensiv betrieben, zu meiner großen Leidenschaft. Wie mir die Dame in der Anzeigenaufnahme verriet, räumte ich mit meinen eigenwilligen Wortlauten wohl kräftig ab. Zudem kam ich viel in der Gegend herum.

Es dauerte sage und schreibe 15 Jahre, bis ich mir nach zig zumeist flüchtigen Begegnungen im Mai 2003 meine Anzeige „Qui vivra, verra! — Wer lebt, wird sehen!" ersann und in Druckauftrag gab. In dieser handelte es sich um den Zwiespalt der Gefühle, dass es kein absolutes Richtig oder Falsch, wohl aber rechtes Handeln gäbe. Tu', was du zu tun hast! — Was das wäre, das könne man allerdings nur durch den Versuch erfahren. Etwa 15 Tage fernerhin saß ich endlich in einer Rothenburger Kneipe meiner Leitfigur gegenüber. Was für eine Hochstimmung über dieses Wunderwerk ohnegleichen!

Ich strahlte ihn an. Er hingegen sah mich mit seinen großen, himmelblauen Augen genauso verunsichert wie tieftraurig an. Schnell gestand er mir, dass er eigentlich nicht wisse, weshalb er hier sitze, weil er doch nur seine Frau liebe, die sich wiederum eine Ehe-Auszeit erbeten hatte. Er habe das Wort „ungebunden“ ignoriert. Nun gut, zwischen den Zeilen hatte er mich durchaus vorgewarnt. Indessen war ich genauso durch den Wind wie zutiefst beeindruckt. Nichtsdestotrotz fanden wir uns sehr sympathisch und haben uns an jenem Abend super gut unterhalten. Es waren die in dieser Hinsicht bisher schönsten Stunden meines Lebens.

Einmal noch haben wir uns getroffen, miteinander geflirtet, mehr aber auch nicht. Auch für mich bedeutet das Eingebunden sein in die Familie und deren Beständigkeit einen Grundpfeiler meiner Existenz, unbezahlbar und nahezu heilig. Niemals würde ich mich dazwischendrängen können oder wollen.

Wogegen die Schwärmerei für diese schillernde Person über Jahre anhielt; es dauerte, bis ich darüber hinweg war. Definitiv machte es fortan keinen Sinn mehr, diesem Hobby nachzugehen.

Nach wem sollte ich denn nun noch suchen, nach wem?

Im darauffolgenden Jahr gab mein langjähriger Arbeitgeber sein Geschäft auf. Ab diesem Zeitpunkt ging es bergab. Ich telefonierte mir fast die Finger wund. Ich schrieb hunderte Bewerbungen und erhielt eine gigantische Absagenflut, sodass ich zwangsläufig an einem Ablehnungstrauma zu leiden begann. Besonders stark wurde mein Nervenkostüm strapaziert, als ich zeitweilig in Hartz-IV abrutschte und vom Jobcenter die Aufforderung erhielt, mir zügig eine kleinere Wohnung zu suchen.

Obendrein hatte sich, als mich im Verborgenen noch ein anderer betrübte, eine längere Romanze mit einem geschiedenen, alleinerziehenden Bekannten ergeben. Er bat mich um den Abstand, welchen er brauche, um die paar gemeinsamen Jahre, die er noch mit seinen Kindern habe, ausnützen zu können. Was sollte ich dazu sagen, auch ich hatte diese freiräumige Beziehung gewollt. Eines Morgens, als seine Sprösslinge in der Schule waren, kam ich auf die absurde Idee, ihn besuchen zu wollen. Charmant stellte er sich vor seine Haustür. Hatte er mir wirklich den Eintritt verweigert? Als er sich einige Monate später über mehrere Wochen hinweg nicht bei mir meldete, weil er sowohl seiner Ex-Gemahlin als auch seiner ehemaligen heilen Familienwelt nachtrauerte, stoppte ich dieses Abenteuer, ohne Wenn und Aber.

Dabei kam mir freilich zugute, dass mir das Alleinsein nie besonders schwergefallen war, im Gegenteil. – Bücher, die Einsicht darüber lieferten, wie Geisteskräfte und Energiezentren im menschlichen Körper dessen Gesundheit und Befinden beeinflussen, zogen mich damals wie magisch an. Seitdem arbeitete ich beharrlich mit diesen Chakren, wenngleich die anvisierte große Erleuchtung bislang auf sich warten ließ, wie auch immer sie sich zeigen wollte. Klar war zudem theoretisch: „Energie lässt sich weder vernichten noch erschaffen, sondern nur umwandeln." (E-Satz).

Das Blatt schien sich zu wenden. Immerhin fand ich dereinst einen Minijob, in dem ich aufging und der für mich seitdem den beruflichen Fels in der Brandung ausmacht.

Hinterher konnten meine Eltern und ich das umgebaute Grundstück, welches eines ferneren Tages an mich vererbt werden sollte, das aber, weil es sich als schwer vermietbar erwies, nur Ärger und Verluste einbrachte, schlussendlich verkaufen. Im Gegenzug fanden wir ein preisgünstiges Schnäppchen, das sich in einem eher verwahrlosten Zustand befand. Wie gehabt renovierten wir in familiärer Zusammenarbeit diese kleine Eigentumswohnung.

Diese bedeutet für mich seitdem das Glück im Unglück. Außerdem bietet mir dieses Bleibe die angestrebte Sicherheit auf Dauer. In dieser bin ich seitdem vor Hartz-IV-Auszugsaufrufen geschützt, falls ich jemals wieder in eine derartig heikle Situation käme.

Ansonsten fand ich in jener Zeitspanne erneut eine zeitweilige Vollzeitanstellung.

Leider ließ die nächste harte Nuss nicht allzu lange auf sich warten. Vor vier Jahren torkelte ich meistens nur noch auf den Gehwegen entlang. Nach einer zehnjährigen Ärzteodyssee, als die Schmerzen immer unerträglicher wurden, stellte ein Medikus endlich fest, dass ich unter einer fortgeschrittenen, beidseitigen Hüfterkrankung litt, weswegen er mir Prothesen nahelegte. Als mein einstiger Arbeitgeber registrierte, dass ich mich für diese schwere Operation mit einer längeren Ausfallzeit entschieden hatte, wurde mir von ihm die ordentliche Kündigung überreicht. Aufgrund der langen, unentdeckten Vorgeschichte wurde meine Wirbelsäule unabänderlich in Mitleidenschaft gezogen.

Mit meinem Körper, dieser leidigen Hülle, schloss ich ab und sah mich fortan selbst nur noch als „Missgebilde“ an.

Sobald es mir damals erneut einigermaßen gut ging, stand sofort die erneute Suche nach einer sozialversicherungspflichtigen Beschäftigung an. Gleich zu Anfang wurde ich von einer freundlichen Dame im Arbeitsamt über meine Position sowie Perspektive auf dem aktuellen Arbeitsmarkt aufgeklärt. Sowohl meine Schul- als auch meine Berufsausbildung seien mittlerweile nichts mehr wert. Aufgrund dessen befand ich mich also auf dem Niveau und im direkten Erwerbskampf mit dem Heer von Gering- und Unqualifizierten. Was für ein Schock und eine Schmach, die ich da wegzustecken hatte, schließlich musste es weitergehen.

Nach monatelanger Suche bekam ich schließlich, wenngleich befristet, die angestrebte Position in Teilzeit.

Nach außen hin meisterte ich meinen Alltag recht ordentlich und machte den Eindruck einer den Lebenslagen recht gut gewachsenen eigenständigen Persönlichkeit.

Vor fünf Monaten brach der Sonntag herein, welcher dem Umbruch, der mich in den Folgemonaten dermaßen traktieren sollte, einläutete.

Mein Vater, der zuvor Tag und Nacht für mich da war, wenn ich ihn brauchte, der für mich

Wohnungen umbaute, Sciroccos zusammenbastelte oder sämtliche Reparaturen erledigte, wurde über Nacht bis auf Weiteres zu einem Pflegefall.

Es blutete mir das Herz, als ich ihn in der Intensivstation derart hilflos zwischen all den Schläuchen erleben musste. Dazu dämmerte es mir, dass ich mich zukünftig nicht mehr darauf verlassen könne, dass er für mich die Kastanien aus dem Feuer hole. Das sollte mir fortan schon selbst gelingen.

Um in spe über die Runden zu kommen, bräuchte ich ein paar Zehner pro Monat mehr. Doch wie denn nur? – War ich doch selbst seit längerem eine schwerbehinderte, chronische Schmerzpatientin, die sich zudem ständig müde und niedergeschlagen fühlte. Und die sich, schlimmer noch, von den vielen Tabletten häufig wie zugedröhnt vorkam.

Was tun? – Könnte ich den Ausgabegürtel enger schnallen? Sollte ich versuchen, die Teil-Erwerbsminderungsrente neu zu beantragen? An deren Bewilligung hinge wiederum die mögliche Gewährung meiner abgeschlossenen BU-Rente ab. Möchte ich bei meinen zwei Arbeitgebern um Erhöhung meiner Teilzeitstunden bitten? Am liebsten jedoch, und dieser Geistesblitz erschien mir zum damaligen Zeitpunkt ziemlich tollkühn, würde ich mit meinen gestalterischen Vorlieben, vorweg dem Schreiben, ein paar Euros hinzuverdienen. Als letzte aller sich bietenden Alternativen böte es sich noch an, meine ablehnende Haltung zu einer Beziehung zumindest zu überdenken.

Extrem ratlos bat ich meinen Schutzengel, von dessen Gegenwart ich seit jeher felsenfest überzeugt bin, vor dem Einschlafen um Hilfe.

Vier Tage nachher bekam ich erstmalig einen Arbeitsauftrag direkt bei einem Kollegen, den ich insgeheim zwar sehr interessant fand, dennoch nie auf die Idee gekommen wäre, ihn umwerben zu wollen. Aber irgendetwas an dessen Stimme und Seitenblicken verunsicherte mich plötzlich. Folgende Sonntagnacht träumte ich von ihm. Ich redete, redete und redete immer noch mit ihm, als ich bereits aufgestanden war, gefrühstückt hatte und mit meinem Auto unterwegs zur Arbeit war. Auf dem Betriebsflur stand dann ausgerechnet er und sah mich lächelnd an.

Er wirkte, als ob er auf mich gewartet hätte. Höchstwahrscheinlich bildete ich mir das nur ein. Fatalerweise wusste ich, wohl wegen der morgendlichen Tablettensucht, nicht so genau, ob ich nun wach war oder träumte. Egal, ich blieb ebenfalls stehen. Ich erschrak, als ich dachte: „Mein Gott, der wird mich doch nicht gehört haben." Ich grinste ihn trotzdem mal an. Zeitgleich bekam ich jene emotionalen Phänomene des ungestümen Verlangens und der Begierde zum Leben zu spüren. Kaum zu glauben, dass diese überhaupt noch in mir existierten. Jedenfalls, ehe ich überhaupt erfassen konnte, was mit mir geschah, stand ich, völlig unvorbereitet und ohne Auffangnetz, lichterloh in Flammen.

Es durchflutete mich jene Hochstimmung, wie ich sie letztmalig vor 15 Jahren erlebt hatte. Nur damals konnte ich *laut* reden und wir fingen uns gegenseitig auf. Dieses Mal schien ich ins Leere zu laufen. Immer nur diese Blicke und ein Lächeln. Zum Flirten war es mir beileibe nicht zumute, das war sowieso noch nie mein Ding gewesen.

Es machte mir eine enorme Angst, dass jene vitalisierenden Kräfte, die ich doch dermaßen brauchte, in der Konsequenz wieder im Nichts verpufften.

Was blieb mir also anderes übrig, als die Flucht nach vorne zu ergreifen? Nur einmal, ein einziges Mal würde ich doch zu ihm hingehen.

Ich erläuterte ihm, dieses Mal laut, dass es derzeit Augenblicke in meinem Leben gäbe, die mich einfach tief berührten, wie dem auch sei. Daraufhin wünschte ich ihm noch ein schönes Wochenende. „Gleichfalls", das war seine Antwort. Was er wohl damit gemeint haben mag, die Augenblicke, das Wochenende oder beides? Kurzfristig fühlte ich mich wieder so stark wie jenes junge, verwegene Mädchen, welches ich vor Jahrzehnten einmal gewesen war.

Während dieser Tage hatte ich das Bedürfnis, meine Weiblichkeit neu zu entdecken und war entsetzt, wie vernachlässigt sich diese anfühlte. Auch wenn mir zuvor keine bessere Lösung einfiel, es war eine Schande, wie ich meinen Körper verleugnete.

Nur wenige Tage nach jener Erkenntnis erfolgte samstags der ernüchternde, vermeintlich finale Schlag. Zum Glück saß ich bereits im Auto, als ich ihn vollkommen unerwartet auf einem Discounter-Parkplatz entdeckte, zusammen mit einer Frau und einem Kind. – Genauso hatte ich mir den Ausgang vorgestellt. Als ob ich nicht gewusst hätte, weshalb ich doch viel lieber einen weiten Bogen um diesen Kerl gemacht hätte.

Eine andere Frau – so war es immer gewesen,

warum hätte es dieses Mal anders sein sollen? Dass ich diese Szenerie vielleicht falsch bewertete, spielte in diesem Kontext keine Rolle.

Zuerst war ich sauer. Aber dann: Wie darauf reagieren? Sollte ich diese Vorkommnisse einmal mehr als völlig überflüssige Härte des Schicksals vermuten? – Oh nein, dieses Mal nicht!

In der Tat sah ich ein, dass gerade diese spezielle Abfolge der Ereignisse und dieses besondere, mentale Gemenge notwendig war, um endlich beGREIFEN zu können, was bisher alles in meiner Selbsteinschätzung schiefgelaufen war.

Vielmehr, seit ich mich um diese nachvollziehbare Niederschrift bemühe, dabei vorwärts, rückwärts oder kopfüber in meiner Vergangenheit wühle, fällt mir längst Vergessenes wieder ein. – Ich fühle mich elend und bedauere plötzlich sehr, dass ich mein bisheriges Leben nahezu vergeudet habe, weil ich immer nur die Mängel im Blick hatte:

Meine lebhaften Gedanken und tiefgehenden Gefühle störten mich sehr; wäre ich doch viel lieber „cool“ aufgetreten.

Mehrmals musste ich mit Grausen ansehen,

wie die Mannsbilder, welche ich sexy fand, schöneren Mädchen, später attraktiveren Frauen den Hof machten.

Darüber hinaus hielt ich mich für unfähig, weil ich nicht in der Lage war, eine höherwertige, berufliche Position, die etwas in der Gesellschaft darstellt, zu realisieren.

Etwas Seltsames geht momentan in mir vor. Meine inneren Gewichte scheinen die Waagschalen zu wechseln. Die Defizite verlieren immer mehr an deren Bedeutung und Macht. Der Schwermut weicht. Die Ausbeuten, Vorteile genauso wie die bestätigenden Aspekte meines Seins sind es, die sich gerade in den Vordergrund meines Bewusstseins drängen. *Fortan, das schwöre ich, werden diese überwiegen!*

Nichts anderes als mein Wagemut, das hatte ich inzwischen erkannt, ist die ersehnte Stütze, mit der ich meinen gegebenen Schwierigkeiten immerfort zuversichtlicher entgegentreten kann.

Nachdem mich mein Los zuvor derart niedergeschmettert hatte, fordere ich es nun heraus: Neue Gegenentwürfe?

Was die Zukunft bringen mag, das wird sich zeigen. Vielleicht liefert sie mir fesselnden Stoff, um diese bunte Geschichte fortzuschreiben?

Fertig ist sie nun, meine (bisherige) Biografie. Ich staune über den klaren Überblick, den ich zurzeit über mein Leben habe. Die prägendsten Stellen wiederholten sich, wenngleich in unterschiedlichster Gestalt. Mir wurde deutlichst vor Augen geführt, was ich in der Folgezeit zu tun habe.

Nochmals frage ich mich, ob ich mit meiner Erzählung ernsthaft Leser/innen ansprechen könnte, und bejahe das jetzt. – Die Quintessenz betrifft im Grunde alle, mehr oder minder.

Zur Klarstellung habe ich eines meiner ältesten Bücher aus dem Schrank geholt. Blaire Justice berichtet hier über ein beispielhaftes Forschungsergebnis, anhand dessen das Zusammenspiel von Psychosomatik und Gehirnchemie näher erläutert werden soll. Ich zitiere:

Man sagt, dass Liebe Menschen heilt, beide, diejenigen, die sie geben und jene die sie erhalten.

Würde ich Patienten sagen, sie sollen die Immunglobuline und Killer-T-Zellen in ihrem Blutspiegel erhöhen, so wüsste niemand, wie er das bewerkstel-

ligen könnte. Wenn ich ihnen jedoch beibringe, sich selbst und andere uneingeschränkt zu lieben, treten die gleichen Veränderungen automatisch ein.

Die Wahrheit ist: Liebe heilt!

Die Wahrheit? – Wie weit will ich für sie gehen?

Kaum hatte ich das vorhergehende Kapitel zu Ende gebracht, gab es bereits genügend Schreibstoff, um das nächste in Angriff zu nehmen.

Damals, nach jenem überrumpelnden Montagmorgen-Vorfall, setzte ich die Psychopharmaka, welche meinem Schmerzgedächtnis und depressiven Episoden entgegenwirken sollten, kurzerhand ab. Allmählich konnte ich wieder klar denken und fühlte mich belastbarer, obgleich der Schmerzpegel erneut anstieg.

Ich war geläutert, meine guten Vorsätze waren anhand von Arbeitsaufgaben klar strukturiert und deutlich aufgelistet.

Mich bohrte die Frage, warum mich immer wieder andere Frauen zu Fall brachten? Die bittere Wahrheit war doch, dass ich innerlich vor jeder hübschen Frau, die mir im Alltag irgendwo begegnete, zitterte. Mein Selbstwertgefühl war einfach im Keller. Es war mir ein großes Anliegen, den Dingen schnellstmöglich auf dem Grund zu gehen.

Es war mein Plan, jenen Kollegen, der Wochen zuvor gleichermaßen sturzflutartig in mein Leben hereinbrach, wie er schnurstracks aus diesem wieder herausgerissen wurde, nur noch mit gebührendem Abstand zu begegnen.

Ich wollte nichts mehr von ihm wissen, indes sollte es anders kommen. Als ich drei Wochen später einen weiteren Arbeitsauftrag bei diesem einmaligen Kollegen erhielt, konzentrierte ich mich anfangs auf mein Mantra „Göttliche Ordnung" genauso wie auf meine Arbeit. So hatte ich etwas Abstand vom Geschehen, konnte in aller Ruhe beobachten und vergleichen. Aber was war nur mit dem los? Öfters hatte er mich kurz angesprochen und mir sehr, sehr lange in die Augen geschaut. Nur, wer waren diese Frau und das Kind, mit denen ich ihn knappe zwei Wochen zuvor auf einem Parkplatz gesehen hatte?

Ich wunderte mich, hatte Fragen, starke Vermutungen, weil ich nicht im Geringsten im Kontakt mit der Wahrheit war. Freilich, ich hätte ihn direkt fragen können, traute mir jedoch diese Konfrontation nicht zu.

Punkt 12:15 Uhr hatte ich Feierabend, wünschte ihm ein schönes Wochenende und stürmte davon. Bloß, sein Verhalten und diese Augenkontakte ließen mir erst recht keine Ruhe mehr.

Hinterher hatte ich drei Tage Urlaub. Während dieser Zeit gab ich meiner vorhergehenden Lebensgeschichte den Endschliff.

Anschließend steckte ich eine Kopie meines Werkes in meine Arbeitstasche, für den Fall, dass ich diese schriftliche Stellungnahme dort jemals gebrauchen sollte. Inzwischen war ich sowohl vorbereitet als auch mit einem Abfangnetz ausgestattet.

Sodann sah ich mich in der Pflicht, etwas gegen meine sonderbaren Neurosen zu unternehmen, indem ich anfing, meine zukünftige Identität, verbunden mit einer realistischeren Selbsteinschätzung, auszuarbeiten. Es wurde an der Zeit, endlich Frieden mit mir selbst zu schließen.

Mag sein, dass das Schicksal es mit mir, wegen meiner Gehbehinderung, nicht gut meinte. – In meinem Geist hingegen war, bin und werde ich immer frei sein, um mich über die Seiten hinwegzubewegen, wie ein Ninja!

Damit war mein Schreibtalent gemeint, mein Talisman, welches sich in jenen Tagen erstmals auf dem Prüfstand befand.

Der geordnete Wandel ist ein Gesetz des Universums. Die eigene Identität ist die Konstante in einer Welt voller Veränderungen.

Wer ich bin, mit allen Licht- und Schattenseiten, das hatte ich mir derweil gründlichst herausgearbeitet.

Anmut, so heißt es, ist weniger eine Frage der Schönheit als vielmehr eine Frage des Stils. Dazu gehört einerseits der Gleichklang im äußeren Erscheinungsbild. Andererseits ist die Harmonie im Inneren eine gleichberechtigte Notwendigkeit des Stils.

Je mehr ich mit mir ins Reine komme, desto mehr wird sie sich im öffentlichen Bereich widerspiegeln. Auch in diesem Punkt war ich auf einem guten Weg.

„Das gewisse Etwas" soll, jenseits eines begehrenswerten Erscheinungsbildes, in gleichem Maße eine Anziehungskraft, auch als Charisma bekannt, besitzen.

Die im Nacken, genauer in der „Medulla oblongata" sitzende, energetische Kraft „Wagemut & Begeisterung" ist es wohl, die wie ein stilles, aber ausdauerndes inneres Feuer zu wirken vermag.

Donnerstags daraufhin landete ich erneut bei jenem Kollegen. Behelfsmäßig akzeptierte ich diese zweite Runde mit ungewissem Ausgang. Schnell fragte ich ihn, ob ich an jenem Tage bei ihm bleiben dürfe. „Warum bei mir?", fragte er mich. – Ich schaute ihn nur treuherzig an. Schnell kam er mit der Nachricht zurück, dass ich bei ihm bleiben dürfe. Das war die Chance, um herauszufinden, wer mir da in mein Leben gekracht ist. Er, etwa 29 cm größer als ich, beugte sich zu mir herunter, unsere Gesichter etwa gleich weit voneinander entfernt. Schon wieder beäugten wir uns intensivst.

Immerhin konnte ich mich nun mit ihm unterhalten, wenn auch nur in wenigen, kurzen Sätzen. Naiv, wie ich war, begann ich, diesen faszinierenden Mann zu mögen, sehr sogar.

An folgenden Arbeitstagen bemerkte ich öfters diese scheinbar hilfesuchenden Blicke in meine Richtung. Tapfer bot ich ihm jenen Brief, welchen ich seit Tagen in meiner Arbeitstasche gelagert hatte, an. Dann enthüllte ich ihm, dass sich darin eine Kopie meiner Lebensgeschichte befinde. Vielleicht würde diese demnächst genauso in der Zeitung stehen. Er könne meine Seiten nun lesen oder in den Papierkorb werfen, ganz wie er wolle. Ich jedenfalls finde mit dieser Übergabe endlich meinen Frieden. Amen.

Er nahm den Brief tatsächlich und wolle ihn schon einmal lesen, entgegnete er mir. Schon wieder stand das nächste Wochenende an.

Am darauffolgenden Montag holte er mich auf dem Betriebsflur ab, führte mich sogar an meinen Stuhl und stellte sich kurz hinter mich. Er meinte, dass ich vorerst bei ihm bleiben könne. Zwei Stunden später schon wieder diese innigen Augenkontakte. Wie er mich dabei anlächelte und aufs Neue aufflammen ließ.

Hieß dies nun, dass er meine zwiespältige Sicht auf diese Situation gelesen, bestenfalls sogar verstanden hatte? Bedeutete sein Verhalten womöglich Entwarnung? – Verflixt noch mal, einmal mehr konnte ich nur spekulieren. Einzig das laut ausgesprochene Wort könnte mir hier den benötigten, unmittelbaren Kontakt zur Wahrheit erschließen.

Dessen ungeachtet, wie wichtig war mir, unter den gegebenen Umständen, diese Richtigkeit überhaupt? – Wie weit wollte ich für die Wahrheit gehen?

Auf der einen Seite wollte ich mir nicht die Blöße geben. Auf der anderen Seite war er mir inzwischen einfach zu wichtig. So einfach konnte und wollte ich ihn nicht mehr aus meinem Leben verbannen.

Nach wie vor belastete mich diese Ungewissheit, wer denn nun diese Frau und das Kind waren. Genauso wie vor 15 Jahren würde ich mich niemals in eine bestehende Familie einmischen wollen.

Vor allem beschäftigte mich die Frage, ob ich

mit meinem Gespür, dass er, aus welchen Gründen auch immer, subtil meine Nähe suchte, richtig lag oder ich mich auf dem Holzweg befand.

Könnte ich mir für den Rest meines Lebens verzeihen, wenn ich jetzt kniffe? Ich war hin- und hergerissen. Nach langem Ringen beschloss ich, mich doch noch einmal *laut* auf dieses dünne Eis zu wagen. Zwecks Risikominimierung natürlich nur mit einem gut durchdachten Konjunktiv-II-Satz.

Der dafür ausgewählte Tag war der 31. Oktober. Spät morgens trat ich sehr nahe, beinahe auf Tuchfühlung an ihn heran und unterbrach ihn bei seiner Arbeit. Ich tat ihm kund, dass es da eine Schreiberin gebe, die würde gerne deren großen Herr und Meister zu sich nach Hause einladen, wenn er es denn wolle. Fassungslos starrte er mich an und fragte: „Welche Schreiberin?" — „Ich", erwiderte ich. Er fuhr fort: „Häääh, und welcher Herr? Und nein, ich will nicht zu dir nach Hause, warum denn auch? Ich weiß doch gar nicht, was du meinst."

Himmel hilf, was für eine Blamage.

Immer diese Missverständnisse. Hatte er meine Geschichte wohl doch nicht gelesen.

Sofort trat ich den geordneten Rückzug an.

Ich hielt dagegen, dass er natürlich nichts bei mir zu suchen habe und ich einsehe, dass das jetzt zu viel verlangt gewesen sei. Aber nun wisse ich Bescheid; diese Klärung sei notwendig gewesen.

Schnell war ich wieder an meinem drei Meter entfernten Arbeitsplatz. Eine knappe Stunde später durfte ich endlich die Abteilung wechseln.

Meine Stimmung passte so richtig zu Halloween. Sollte ich nun lachen oder weinen? Da habe ich leidgeprüfte Frau, die seit zwölf Jahren gänzlich unbescholten lebte, tatsächlich eine Abfuhr erhalten. Immerhin, nun habe ich dieses laute „Nein" gehört, an dem anscheinend kein Weg vorbeiführte. Obgleich es sich bei dem Ergebnis, „ich weiß ja gar nicht, was du meinst", schon wieder um eine Halbwahrheit handelte, mit der ich allerdings recht gut leben konnte.

Ich kam nicht umhin, mir zu überlegen, ob ich mir womöglich diesen Verlauf ein zweites Mal nur eingebildet hatte? Wie konnte mir eine derartige Fehleinschätzung passieren? Wer war hier meschugge, ich, er, beide oder gar keiner?

Mag sein, dass er nichts als flirten wollte und

dabei das Pech hatte, auf mich emotional angeschlagene „Tiefgängerin“ zu stoßen. Jedenfalls sollte der sich mal ernsthaft überlegen, was er da für einen Blödsinn macht.

Einmal mehr fasste ich den Entschluss, fortan meine ganze Kraft und Aufmerksamkeit der Bewältigung meiner eigenen Schwierigkeiten zu widmen. Da hatte ich wirklich mehr als nur genug zu tun. Zuhause fühlte ich mich auf meiner abgenutzten, alt-rosafarbenen Ledercouch endlich wieder wohler.

Tatsächlich meisterte ich die darauffolgenden Arbeitstage Montag, Dienstag, Mittwoch, teilweise auch noch den Donnerstag verblüffend erhaben. Mal schien sich mein Arbeitskamerad mir zuzuwenden, dann zeigte er mir wieder die kalte Schulter. Dieses wackelige Verhalten war mir schon öfters aufgefallen.

Demzufolge alles gut, zumindest bis zu jenem Donnerstagmorgen gegen 10:00 Uhr.

Nichtsahnend lief ich den Betriebsflur entlang und mein Blick fiel dabei automatisch auf den großen, verglasten Eingangsbereich. Ich erschrak, als ich mitten auf dem Firmenhof sein anthrazitfarbenes Auto entdeckte.

Er beugte sich über den Rücksitz, diese Frau

stand neben ihm. Ich erlebte beinahe dieselbe Szenerie wie knapp vier Wochen zuvor auf dem Discounter-Parklatz. Demzufolge hatte ich mir jüngst diesen Vorfall nicht eingebildet, diese Erkenntnis entlastete mich beinahe.

Zwei Stunden fernerhin, gegen 12:25 Uhr, war für mich Feierabend. Ich lief zum Eingang vor, meldete mich ab und ging zur Tür hinaus. Direkt davor parkte wieder dieses, dessen Auto. Dieses Mal saßen sogar zwei grinsende Frauen darin und erwarteten — ja wen wohl?

Es ließ sich kaum beschreiben, wie mich bei diesem Anblick der abgrundtiefe, blanke Hass erfasste. Mein Auto parkte woanders, schnell entwich ich in diese Richtung.

War ich fünf Minuten zuvor noch überzeugt, den gefühlsmäßigen Ausnahmezustand überwunden zu haben, wurde ich nun eines Besseren belehrt. Nochmals griffen mich diese inneren Urgewalten an. Es tat mir höllisch weh, keinen Einfluss auf dieses Geschehen zu haben.

Zuhause heulte ich zum wiederholten Mal. Es dauerte, bis die Vernunft die Oberhand über dieses Trübsal zurück bekam.

Am anschließenden Morgen stach mir, direkt vor dem Firmeneingang, ein schwarzer Golf mit dem Aufkleber „Calm down and smoke Shisha“ in die Augen. Wie wahr, wie wahr.

Ich marschierte den Firmenflur entlang, in der Hoffnung, jenen Vormittag besser nicht in der Nähe jenes Kollegen verbringen zu müssen, sollte dies aber doch tun.

Was blieb mir nun anderes übrig, als mit der genau zu meiner damaligen Gemütsverfassung passenden bombastischen Melodie von Bonnie Tylers Riesenhit „Total Eclipse Of The Heart“ im Hinterkopf zu retten, was noch zu retten war.

Was für eine Herausforderung. Soweit ich mich erinnern konnte, war ich noch niemals zuvor in meiner Existenz einem derartigen Trugschluss unterlegen.

Einige Schraubenkartons kamen mir sehr gelegen, ich arbeitete mich an ihnen ab, dass es nur so schepperte. Zwischenzeitlich fragte mich der Mann, welcher mir an jenem Morgen soviel Kummer bereitete, ob mit mir alles in Ordnung sei. Es musste mir jetzt dringend gelingen, meine gegenwärtige persönliche Verfinsterung von einer zukünftigen guten Zusammenarbeit zu trennen. Dafür musste ich nun die richtigen verbalen Weichen stellen.

Ich drehte mich also zu ihm um und wiederholte im Stillen „Calm down and smoke Sisha, keep calm down and smoke Shisha, calm down ...“

Zu meiner großen Verzweiflung konnte ich ihm kaum in die Augen sehen, fühlte mich dabei ertappt wie ein kleines Kind, das feststellen musste: „Mama, ich habe die Ho... voll.“

Was für eine unmögliche Situation, da musste ich jetzt durch. Deshalb versuchte ich, ihn frech anzugrinsen, und erwiderte, dass alles in bester Ordnung sei, alles gut wäre und es mir zudem blendend ginge.

Das konnte doch alles nicht wahr sein, sollte ich nun in einen Wettstreit mit den anderen Damen treten? Jedenfalls erteilte ich seinem Vorschlag, es doch noch einmal bei ihm zu versuchen, eine glasklare Absage: „Nein, es wird keinen weiteren Versuch mehr geben!“

Hierauf, obgleich er sich mehr um mich zu kümmern schien als je zuvor, die Augen halb zu, die Ohren auf Durchzug gestellt und die Lippen eng zusammengepresst. Bildlich ausgedrückt, habe ich mich, gleich einem Personalcomputer, selbst heruntergefahren.

Schlussendlich ließ ich ihn in der Pause einfach links liegen und stampfte trotzig mit meiner Zigarettenschachtel an ihm vorbei.

ICH, einzig und allein ich war offensichtlich der Einfluss- und Machtbereich, welchen ich bei diesen Geschehnissen hatte. Derart zurück geworfen, war ich voller Widerwillen und stand kurz vor dem Explodieren.

Fast an derselben Stelle, an der ich etwa neun Wochen zuvor, völlig unvorbereitet und ohne Auffangnetz, lichterloh entflammte, folgte nun die zweite Ernüchterung. Genervt dachte ich zu ihm hin, dass es fortan nichts mehr zu sagen, zu fragen oder zu tun gebe. Wir seien nun fertig miteinander.

Die Redewendung „der Geist ist willig, aber das Fleisch ist schwach“ traf in dieser vertrackten Lage ebenfalls auf mich zu. Abermals wurde ich vom großen Elend heruntergerissen, und das nicht zum letzten Mal. – Es folgte ein wochenlanger Gefühlskampf, der mir viel Überwindungskraft kostete, obgleich es immer heller in mir und um mich herum wurde.

Es zahlte es sich nun aus, dass ich mich von Anfang an nicht auf eine positive Entwicklung dieser Zuneigung, die mir ungewollt in die Quere gekommen war, verlassen habe.

Parallel zu diesen Vorkommnissen habe ich, als ich noch keinen festen Boden unter meinen Füßen zu spüren vermochte, sehr viel getan, um mir die Weichen für eine solidere Zukunft zu stellen.

Zuallererst setzte ich den wehmütigen Gedanken an jenem Mitarbeiter mein Begehren, mit meinem schriftlichen Potenzial ein paar Euro nebenher zu verdienen, entgegen und verfolgte dieses Ziel mit großer Hingabe.

Mit Nachdruck zockte ich regelrecht mit diesem Joker, indem ich Briefe an die im ersten Teil erwähnten prägenden Menschen schrieb. Diese damalige Episode erschien mir ziemlich verrückt. Es war eine gute Gelegenheit, um etwas Außergewöhnliches wagen. Ich setzte genau das in die Tat um, was ich im Hinterkopf schon lange vorgehabt habe.

Zu meiner großen Überraschung und meinem Wohlgefallen, reagierte „Frau Ritterin ohne Furcht & Tadel" sehr zügig auf meine Post, indem sie mich zu einer Vereinsfeier auf die Burg einlud. Zukünftig würde ich öfters bei Veranstaltungen dort oben dabei sein können.

Auch die langjährige Ehefrau vom ehemaligen Draufgänger, der so etwas wie meine erste Liebe war, kam ein paar Wochen hinterher auf mich zu, nahm mich in die Arme und bedankte sich für mein Lebenszeichen. Sie und ihr Göttergatte hatten sich sehr darüber gefreut.

Ebenfalls viel Lob bekam ich jüngst von jener

ehemaligen Schülerin aus der Parallelklasse, die mir zufällig über den Weg gelaufen war. Auf meine Erkundung hin, weshalb sie mich damals, in der zehnten Klasse, uneigennützig in der höheren Mathematik förderte, konnte sie mir keine Antwort geben. „Es war halt so, wie es war“, entgegnete sie mir, sehr verblüfft darüber, wie nachhaltig sie sich damit bei mir hervortat.

Warum also sollte das bisschen „Kollegen-Verlust“ von bleibender Bedeutung für mich sein, angesichts der anderen Errungenschaften, die eindeutig überwogen?

Bin ich doch für die Schockmomente reichlich entschädigt worden. Teils mit der Auffrischung alter Freundschaften, teils mit sich anbahnenden, neuen Kontakten.

Zwischenzeitlich hatte ich die Zugangsprüfung als Online-Autorin geschafft und verdiene mir seitdem, durch meine Befähigung zum Texten, wirklich ein paar Euro nebenher dazu.

Neulich hatte ich die zündende Idee, wenn Kleinigkeiten mich zu Fall bringen können, dann müssen sie mir, im Umkehrschluss, auch den nötigen Auftrieb geben. So ist es auch. Beispielsweise ist es kaum zu glauben, was man an der Warteschlange vor einer Kasse alles an

Kurzweil sowie erheiternden Momenten erleben kann, mit einem wachsamen Blick, guten verbalen Ideen sowie ein wenig Courage.

Die Tage vergingen wie im Flug. Ein weiteres Mal stand ein Jahreswechsel kurz bevor. Rückblickend bin ich mir gewiss, dass mein Schutzengel, vergleichbar mit dem Gebilde jenes Lichtstroms „979 Lumen gegen den Trübsinn", seinen Beitrag am überwiegend guten Ausgang der vorangegangenen Lebenskrise geleistet hat.

Vorweg waren es harte Wochen, die mich sehr in Bedrängnis brachten. Allerdings war dieser Druck nötig, um mich aus der Reserve zu locken, bis ich gar nicht mehr anders konnte, als mir mehr zuzutrauen und etwas zu wagen.

Inmitten dieser Auseinandersetzungen hatte ich meine Eigenliebe aus der Versenkung geholt. Es schien, als wüchse in mir ein gesundes Maß an Selbstbewusstsein heran.

Zu guter Letzt war ich sehr zufrieden mit Charmeine, so wie ich meinen Schutzengel zärtlich nannte.

Nach dem Abschluss des zweiten Teiles meiner Erzählung frage ich mich ebenfalls, ob es Erkenntnisse gibt, mit denen sich die Leserschaft erwärmen könnte. Dieses Ansuchen bejahe ich auch dieses Mal.

Ist es doch die Aufgabe eines jedes Erdenbürgers, sich den Unkalkulierbarkeiten seines Lebens, unter den jeweils gegebenen Bedingungen, zu stellen. Niemand bleibt von solchen Widrigkeiten verschont, aber die Art und Weise, wie man mit diesen umgeht, ist einzigartig.

Zur Verdeutlichung bemühe ich mich erneut um jenes Buch von Blair Justice, dessen Ausführungen mich unauslöschlich beeindruckten. Auch zu dieser Thematik hat er einen passenden Ratschlag vermerkt. Ich zitiere:

Sie müssen sich nicht in das Schicksal eines Stressopfers ergeben.
Es gibt Wege, Gefühle von Hilflosigkeit
in Gefühle von Kraft und Stärke zu verwandeln.